„Familie ist was schönes,
man freut sich stets aufs Fest.
Doch erfreut man sich dann
auch,
wenn sie uns wieder verlässt."

(Aus dem Gedichteband „In der Ferne" von
Patric Schmitt)

Herstellung und Verlag:
Books on Demand GmbH, Norderstedt
ISBN 978-3-8391-0056-1

Vorwort:

Sind wir doch mal ehrlich, jeder von uns hat sie. Die Familie die es absolut wert ist ein Buch mit ihr zu füllen.

Und schau her, hier ist mein Versuch euch an meinen erlebten Geschichten mit der Chaoten-Truppe „Müller" teilhaben zu lassen. Man muss sagen wir sind eine sehr große Familie und jeder der einzelnen Parts ist für sich einmalig. Wir sind eine Standartbesetzung von sechs Personen dabei ist mein Vater Gerd, meine Mutter Maria, meine beiden Schwestern Lisa und Anna sowie mein Bruder Steffen. Außerdem natürlich noch ich, der lustige Peter, ich bin der Erzähler und dein Begleiter durch die auf dich zukommenden Geschichten. Im Laufe dieses Buches werden noch einige andere Personen auftreten die ich an gegebener Stelle Charakterisieren werde damit es alles eher nachzuvollziehen ist.

Aber wie schreibt man so ein Buch? Als Roman? Erzählung? Ich werde es versuchen in Kurzgeschichten zu erzählen damit es nicht so langatmig wird und wir nicht aus den Augen verlieren dass jeder so etwas mit Sicherheit auch schon mit seinen Lieben erlebt hat. Ich wünsche nun viel Spaß bei einer interessanten Reise durch eine chaotische Familie die nichts weiter versucht wie ihren gewöhnlichen Alltag zu bestreiten und sich dabei durch viele schöne und traurige Erlebnisse kämpft und letztendlich nie vergisst das Zusammenhalt groß geschrieben wird auch wenn man den Familiensinn ab und an aus den Augen verloren und vergessen hat.

Kapitel I

Drehen wir die Uhren um 20 Jahre zurück, ich genoss die Zeit als Einzelkind. Also ich hatte noch Ruhe. Damals hatte man mir dennoch den Tipp gegeben, wenn ich noch ein Geschwisterchen haben wolle; müsse ich immer Zucker auf die Fensterbank streuen. Gesagt getan, es musste ja ausprobiert werden ob das überhaupt stimmte und tatsächlich, es klappt!

Es war so um die Weihnachtstage, es hatte geschneit und wir wohnten zu der Zeit noch wunderschön dicht an einem Wald. Wenn man in diesen hinein spazierte kam man nach einem etwas mühsamen Fußmarsch, an eine herrliche Kuhwiese. Die für die wetterlichen Gegebenheiten sowie unserer bzw. meinen Eltern genialer und

spontaner Idee, mit mir, unserem
Hund Willi und meinem Onkel
Holger und meiner Tante Cordula
dort Schlittenfahren zu gehen,
einfach wie gemacht war.
Also stürmten wir los, alle
motiviert und mit dem einen oder
anderen komischen Spruch auf den
Lippen, ging es hinaus in den
Wald. Ziel, Kuhwiese. Es hatte
schon einige Tage lang geschneit,
dementsprechend sahen auch die
Wege aus, na ja was heißt hier
Wege also das was man zum einen
erahnen konnte und zum anderen
da wo man nicht wegrutschte oder
gar hinfiel. Nach den ersten
schweren Metern und der daraus
folgenden Desinteresses unser Ziel
zu erreichen, war es natürlich nahe
liegend den kleinen Pcter auf den
mitgenommenen Schlitten zu
setzen und den zierlichen Hund
Willi der so geschätzte 50
Kilogramm wog davor zu spannen

um mal zu gucken ob der Hund
den Schlitten ziehen kann.
Natürlich konnte er und wie! Man
hatte übersehen das sich etwas
seitlich von uns ein kleines Rudel
Kaninchen versammelt hatte, um
sich zu beraten oder so. Auf jeden
Fall hat Willi sie gesehen und
stürzte los, und ich auf dem
Schlitten mit ihm, durch Bäume
hindurch über Steinhügel und
gebrochenen Ästen. Ich versuchte
mich verzweifelt festzuhalten was
mir auch gelang. Ich hörte meine
rufenden Eltern in der Ferne
immer leiser werden.
Man macht sich ja Gott sei Dank
als Kind nicht ganz so viele
Gedanken über Schmerz und
Unsinn von Eltern und das ist auch
ganz gut so. Nach gefühlten 4
Tagen auf dem Schlitten, nahm die
Fahrt ein radikales Ende, denn der
Schlitten hatte sich in einer
Baumgabelung verfangen und

blieb schlicht weg dort stecken. Und ich? Ich flog durch die Lüfte bis ich durch mein gekonnt eingesetztes Gesicht meinen Sturz abbremsen konnte. Alles war weiß, verdammt ich konnte nichts mehr sehen. Dazu muss ich gerade noch sagen das ich Brillenträger bin und ich denke nun erklärt sich von selbst warum ich nur noch weiß gesehen habe. Ich gab dem Begriff Schneeblind eine ganz neue Definition. Damit nicht genug, Willi hat sich in der Zwischenzeit freigebissen um Jagd auf die Kaninchen aufzunehmen und war verschwunden. Die von Willi und mir abgehängten holten mich nun ein und meine Mutter kratzte mir den letzten Schnee aus den Ohren. „Da hast du abcr Glück gehabt" sagte sie. Hätte ich damals schon die Reife gehabt um den Kopf zu schütteln, glaube mir ich hätte es

bis in die späten Abendstunden
gemacht.

„Willi!" „Willi?" Ja wir störten die
angenehme Ruhe des Waldes um
unseren Hund wieder zu finden,
der sich mit den Hasen abgesetzt
hatte. Ob er Erfolg bei der Jagd
hatte weiss man nicht, dennoch
kam er nach einer gefühlten
Ewigkeit freudestrahlend und
schwanzwedelnd auf uns zu als ob
nichts gewesen wäre.
Willi nun wieder angeleint
(Diesmal nicht am Schlitten)
nahmen wir wieder unsere Strecke
Richtung Kuhwiese auf. Nach ein
Paar Minuten und dem einen oder
anderen Sturz kamen wir endlich
dort an. „Jetzt kann es ja los
gehen" sagte mein Onkel und
begann die erste Rodel Partie. Im
Sturzflug ging es die Weide hinab.
Voller Freude über den herab
sausenden Holger riss sich Willi

erneut los und tollte neben Holger her. Vor lauter Übermut versuchte der Hund ihn zu fangen und rammte ihn dabei. Holger kam vom eigentlichen Kurs ab und sauste Richtung Zaun. Zack! Da kam Willi von der anderen Seite und boxte Holger nahezu vom Schlitten. Nichts ahnend was da passiert war blieb Holger einfach liegen und wurde von dem Hund abgeschleckt. Das er sich seine Hose zerrissen und eine Rippe gebrochen hatte war im Moment egal. Also spontane Ideen sind ja schön und gut, trotzdem verbuchte dieser Ausflug zur Kuhwiese nur diverse Prellungen und Schürfwunden sowie zerrissene Klamotten und eine verbogene Brille. Tolle Nummer.

Anders hingegen war ein erneuter Besuch der Rodel Kuhwiese Jahre später und zwar mit Lisa und meiner Mutter. Der Tag war

Klasse, hat wirklich Spaß gemacht. Auf dem Heimweg saßen Lisa und ich auf dem Schlitten und unsere Mutter zog uns Heim. Irgendwann wurde der Schlitten auf eine unerklärliche Art und Weise leichter meiner Mutter kam das zu Gute denn so konnte sie schneller gehen. Wie gesagt es war ein herrlicher Tag, abgesehen von der Tatsache das meine Schwester vom Schlitten gefallen war und es keiner gemerkt hat, als wir uns irgendwann umdrehten lag da die kleine Lisa im Schnee und strampelte wie ein Käfer auf dem Rücken sie konnte weder vor noch zurück. Das Bild war zum schreien. Da wir nahe einer befahrenen Straße nach Hause gingen muss sich den Autofahrern ein seltsames Bild geboten haben, denn wer bekommt so etwas schon zu sehen.

Was sich die vorbeifahrenden
Autofahrer wohl gedacht haben?

Kapitel II

Geschwisterfreuden sind schon
was Herrliches. Total entspannt
und in jeder Hinsicht ohne Stress
und Aufwand. Ja von wegen.
Ständiges Gezicke und Gekeife vor
allem unter den Damen der
Schöpfung. Von Streitigkeiten bis
hin zu Handfesten Schlägereien.
Bei Lisa und Anna ging stets die
Post ab. Meine Eltern hatten zu
dem Zeitpunkt ein Home Trainer
Fahrrad, für die körperliche
Ertüchtigung gedacht, dieses
wurde sehr gerne und sehr oft zum
umstrittensten Gegenstand im
Hause Müller und zwar immer
dann wenn einer der Mädels auch
nur in einem bestimmten Abstand

an dem Fahrrad stand und die andere Schwester es mitbekam. Schwupps ging die Rangelei los, nach mehrmaligen Aufforderungen zusammen zu spielen und schlichtweg „lieb" zu sein; einigten sich die beiden darauf zusammen mit dem Fahrrad zu spielen.

Doch dann wurde es still, bei erfahrenen und jetzt schon angespannten Eltern werden jetzt mit Sicherheit die Alarmglocken läuten und das zurrecht. Das Fahrrad wurde mit einem Drehgewinde betrieben, das heißt ein Kabel mit einer Zunge die sich drehte wenn man in die Pedale getreten hat, das freiliegende Ende diesen Kabels kommt normalerweise in den dazu vorgesehenen Schlitz am Tacho des Home Trainers. Nur diesmal nicht, es ist zwar bis heute nicht überliefert welche Idee oder welcher Spielgedanke dahinter steckt, aber Fakt ist Anna hielt sich die Zunge in die langen blonden Haare und die Lisa dachte sich, Ach trete ich mal in die Pedale. Gesagt, getan. Mit einem Mal erschütterte ein sehr schriller Schrei die Gemäuer Müller. Anna hatte nun einen epilierten Scheitel der fast quer über den Kopf ging. Auf dem Weg zu der Quelle des Schreis hörte man schon eine Tür ins Schloss fallen denn Lisa hatte sich abgesetzt und selbst einen Stubenarrest verhängt. Sie wurde an diesem Tage nicht mehr gesehen. Nun stand da ein kleines blondes Mädchen, mit epilierten Kopf und ansonsten auch vielen blauen Flecken sowie einer riesigen Zahnlücke vor uns. Ich bin mir nicht sicher wer es gesagt hat, aber jemand hat es gesagt „So bekommen wir sie nie verheiratet."

Auch war es immer ein reiner Nervenakt die beiden auf den Rest der Nachbarschaft oder Dorfmitbewohner loszulassen. Eine schöne Geschichte ist zum Beispiel auch ein Aufenthalt in eines der beliebtesten Tante Emma Läden in unserem Dorf. Da war das Objekt der Begierde für Anna ein kleiner, rosaner Radiergummi mit Glitter. (Wer´s mag.) Da Lisa und Jessica mit Anna unterwegs waren (Jessica ist ein direktes Nachbarkind, dass auch schon viel mit unserer Familie mitmachen musste, aber dazu später mehr.) und beide sich nur Füllerpatronen besorgen wollten um vorbildlich wie immer ihre Hausaufgaben zu erledigen; blieb kein Geld über um Anna den Wunsch zu erfüllen, den Radiergummi zu kaufen. Anna sichtlich enttäuscht über die Situation antwortete auf die Weise in der wohl 80% der unter 4 jährigen es tun. Sie warf sich zu Boden und schrie den gesamten Laden zusammen. Lisa und Jessica wären am liebsten im Erdboden versunken und griffen nach alter Sondereinsatzkommando Manier ein. Anna ließ nicht locker und wurde unter lautstarkem Protest Richtung Heimat abgeführt. Da Lisa sich peinlich berührt fühlte und ziemlich verärgert über die Bloßstellung durch ihre Schwester, hegte sie Rachegedanken. Anna lief zwischen Jessica und Lisa, dadurch dass sie noch kleiner war ging sie an der Hand. Auf dem Weg nach Hause kommt man an sehr vielen Straßenlaternen vorbei und diese Erkenntnis brachte Lisa nun auf eine Idee. „Komm wir spielen ein Spiel." Sagte sie zu Anna „Du machst jetzt die Augen zu und lässt dich von uns mit geschlossenen Augen nach Hause führen." Nichtsahnend über den bösen Hintergedanken ihrer Schwester, schloss Anna ihre Augen und „spielte" mit und zwar solange bis ein dumpfer Aufschlag sie stoppte und ein ziehender Kopfschmerz ihr die Tränen in die Augen trieb. Lisa und Jessica hatten Anna gegen eine der Straßenlaternen navigiert und sie davor laufen lassen. „Aua!"

Zu Haus angekommen ergriff Anna noch erbost die Chance und griff nach ein Paar auf den Boden liegenden Steinen und warf diese nach Lisa und Jessica, was nun eigentlich als verständliche Reaktion auf eine gestellte Falle war wurde sofort von unserer Mutter gesehen und getadelt. Anna konnte sofort auf ihr Zimmer gehen und darüber nachdenken warum sie Steine geworfen hat. Sie kam nicht einmal dazu sich zu Rechtfertigen warum sie so sauer war. Als Maria dann ihre Tochter Lisa fragte was denn passiert sei antwortete Lisa nur trocken „die hat sich wie immer nicht benommen".

Das ist übrigens ein Erlebnis das gerne immer noch bei Familienfeierlichkeiten durchdiskutiert wird und Anna; Lisa wohl nicht vergessen wird. Entschärfend muss ich hier erwähnen dass die beiden mittlerweile ein Herz und eine Seele sind, sie haben zwar auch ihre Differenzen; aber wer hat die nicht mit seinen Geschwistern und außerdem wäre es ohne diese auch viel zu langweilig.

Im laufe der Zeit gewöhnt man sich ja am alles, glaubt man. Es stimmt auch bis zu einem bestimmten Grad an Geduld. Lisa zum Beispiel kann ich gut zur Weißglut treiben in dem ich ihr die

Geschichte von Annas Kommunion erzähle. An dieser Stelle wird sich mit Sicherheit dieses Buch nehmen und mit erhobenem Finger sagen „Siehste! Ich habe es euch doch gesagt, das der nur Mist erzählt hat." Und da hat sie Recht.

An Annas Kommunion hatte unsere Mutter die grandiose Idee den Tisch mit Schnapspralinen zu dekorieren, was relativ lustig war, denn so ein wenig Schokolade für zwischendurch, wer kann da schon „Nein" sagen. Meine bisherige Geschichte bestand darin, dass die gute Lisa sich eine nach der anderen Praline einverleibt hat und im Laufe der Stunden sich immer mehr Richtung Boden unter dem Tisch verabschiedet hat. Nach kurzem verweilen dort und nach einem leicht schluchzendem „es tut mir Leid" schleifte sie sich dann die Treppe hoch um in ihrem

Zimmer bis zum anderen Morgen zu verschwinden.

Ich weiss wohl, das solche Geschichten nicht unbedingt die feine englische Art sind, dennoch muss ich zugeben dass ein gewisses Schadenfreuden Potential aufgekommen ist Lisa in die Rechtfertigkeit zu steuern. Nichts für ungut, hoffe ich. Außerdem habe ich es ja jetzt nach knapp 10 Jahren klar gestellt.

Aber kommen wir nun zu Steffen, soweit ich mich erinnere ist dieser immer mit seinen Jungs unterwegs gewesen. Junggesellenverein, Feuerwehr, Fußballverein und was es alles noch so gibt bei uns im Dorf. Ziemlich speziell war immer die Zeit zwischen dem Abend vom 30. April, auf den 01. Mai. Maibäume stellen war angesagt. Tja, hört sich zu Anfang relativ harmlos an, ist es aber nicht. Wie gesagt man konnte sich den Wecker darauf stellen dass am 1. Mai, Steffen vor der Tür stand um sich mitzuteilen. Beim ersten mal klingelte es Morgens um 7 Uhr bei mir an der Haustür, zu diesem Zeitpunkt bewohnte ich mit meiner derzeitigen Freundin eine Wohnung zwar im gleichen Dorf wie die Chaotentruppe, aber wahrte doch eine gesund Distanz. Dachte ich.). Als ich dann völlig schlaftrunken und leicht desorientiert, da ich auch in den Mai gefeiert hatte, die Tür öffnete, war ich sofort wieder voll. Steffen hatte immer noch drei, acht im Turm verbucht und wankte sich einen im nicht vorhandenen Sturm zu Recht.

„Ich glaub, ich hab scheiße gebaut." Lallte er mir entgegen. „Wieso?. Was denn?" entgegnete ich, noch total mit der gesamt Situation überfordert. „Ich glaube, ich habe mein Auto irgendwie kaputt gemacht." Und dann kam die Geschichte die ich an dieser Stelle nicht wiedergeben kann weil die so was von fragwürdig ist das sie selbst für mich noch unglaublich scheint. Aber keine Angst es war nichts schlimmes, weder Personenschaden ist entstanden noch irgendein Fremdschaden, außer seiner Heckscheibe, denn die war komplett kaputt, was heißt kaputt. Die gar nicht mehr vorhanden. Da die Autos meiner Geschwister aus Versicherungsgründen über meinen Vater laufen und dieser sehr ungehalten auf Fahrlässigkeit reagiert schien es nun für alle beteiligten und eingeweihten am ungefährlichsten, das Problem unter stillschweigen und unter Ausschluss der Öffentlichkeit zu lösen. Als erstes musste das Auto verschwinden. Das hört sich jetzt schlimmer an als es tatsächlich ist. Mein Bruder hatte das Auto so clever geparkt, dass es auf jeden Fall von irgendjemanden unserer Bekannten oder Familienmitglieder gesehen werden musste, nämlich so ca. 20 Meter Luftlinie von unserem Elternhaus weg, in einer Seitenstraße. Nun wurde es interessant, denn wo kann man das wirklich übel aussehende Auto verstecken bzw. parken bis man weiteres planen kann. Zum Glück gab es da einen Parkplatz, der ziemlich ruhig und abgelegen war und man kam dorthin ohne über stark befahrene Straßen zu fahren, denn es hätte leichten Klärungsbedarf gegeben wenn die Polizei uns so angetroffen hätte vermute ich mal stark.

Das erste Problem war nach 20 Minute Zitterpartie erst mal gelöst, doch dann kam das zweite. Wo bekommen wir eine neue Heckscheibe her und wie baut man so was ein und vor allem schaffen wir das bis Übermorgen? Jetzt musste erst mal das Loch gestopft bzw. das Auto so abgedichtet werden das nicht noch durch den gemeldeten Regen das Innere beschädigt wird. Mit Folie und der Alleslösung Panzertape ging es zu Werke. Das reichte ja auch denn niemand wäre auf die Idee gekommen aus dem Auto was stehlen zu wollen, eher hätte man uns ruhig was reinlegen und spenden können.

Weiter ging es dann mit der Überlegung wo bekommt man Ersatzteile her? Da Steffen das Auto Übermorgen wieder brauchte um zur Arbeit zu gelangen war nun guter Rat teuer. Die Lösung offenbarte sich ziemlich schnell, nach einigen Telefonaten. Wir mussten irgendwie am Folgetag auf einen Schrottplatz und hoffen das es dort eine passende Heckscheibe für das Auto geben würde, dann bliebe nur noch das Problem des schnellen Einbaus. Da ich am anderen Tag wieder das Land verteidigen musste, fuhr meine Freundin mit Steffen und dem zerschossenen Auto in die Stadt, lustigerweise mussten die beiden noch tanken. Tja, wie sollte es anders sein, meine Mutter sah die beiden zwar nur aus dem Blickwinkel beim vorbeifahren, aber immerhin. Keine halbe Stunde später klingelte das Telefon in meinem Büro. „Sag mal, hat Steffen einen Unfall gehabt? Ich habe den eben mit deiner Freundin zusammen tanken gesehen und es sah so aus als wäre sein Auto kaputt." „Weißt du da was?" Ich entschuldige mich an dieser Stelle jetzt schon mal, denn ich habe meine Mutter belogen. Also

Mama, falls du das hier mal lesen solltest. Es tut mir leid. „Wie kommst du denn darauf?" „Jessica ist arbeiten und Steffen denke ich auch mal das der nur Gestern frei hatte." „Hätte es da einen Unfall gegeben wüsste es doch Gerd sofort." „Da hast du dich bestimmt verguckt." Sagte ich. Meine Mutter antwortete wohl stark an sich zweifelnd „Da hast du wohl Recht." Tatsächlich kaufte sie mir die Geschichte ab und es gab niemanden mehr der dieses perfekte Verbrechen noch in irgendeiner Art und Weise enttarnen konnte und Tatsache so war es auch. Meine Freundin und Steffen fanden einen Schrottplatz, dieser hatte nicht nur eine passende Scheibe, nein, dort wurde diese auch sofort für ein kleines Trinkgeld die Scheibe eingebaut. So bekam niemand mit was in der

Mainacht mit dem Auto passiert
war.
Bis auf das sich die Geschichte um
ein mysteriöses und zerstörtes
Auto das so aussah wie Steffens
überall hintrug Man hat so eins ja
in der Nebenstraße gesehen. Sogar
mein Vater.

Apropos Mai, jeder der mich zum
ersten Mal sieht wird sich fragen
was ich da für eine entzückende
Narbe auf der Stirn habe. Na ja,
wie soll ich es erklären? Also es ist
keine Narbe aus einer
studentischen Geheimverbindung
und ich bin nicht vor ein Rohr
gelaufen. Die Wahrheit ist, ich
habe mein streben am letzten Mai
Tag übertrieben. Als wir damals
fertig waren Maibäume wieder
abzuholen, kamen wir auf die Idee
uns an der Tankstelle etwas zu
trinken zu holen, darunter auch
eine Flasche goldener Tequilla.

Dieser war nicht gekühlt und ein ziemlich warmer Tag war es auch noch. Also hat ich nichts Besseres zu tun als meinen Kumpels mal zu zeigen wie man sich innerhalb von Sekunden so richtig schön vor die Wand setzen kann. Du wirst Dir bestimmt schon denken können wo das hier hinführt und du kannst dir wohlwollend auf die Schulter klopfen. Es kommt so. Als ich die Flasche unter praller Sonne halb geleert hatte, fing das Elend auch prompt an. Ich sage nur Kontrollverlust vom feinsten. Eine Geschichte übers kotzen fallen und beten. Ich habe gelitten wie ein Hund und da war es gerade mal halb fünf Uhr Nachmittags. Ich habe die Angewohnheit sehr stark zu schwitzen wenn ich was getrunken habe und auf meinem Fußmarsch nach Hause triefte ich nur so und wischte mir den Schweiß immer mit dem linken

Arm von der Stirn. Nachdem ich also so 100-200-mal gefallen war kam ich endlich zu Hause an und versuchte schlafen zu gehen. Von wegen. Alles drehte sich und nichts stand mehr an seinem Platz. Ich versuchte es mit kaltem Wasser, mit Bremsbein und Finger in den Hals stecken, doch rein gar nichts funktionierte. Das schwitzen trieb mich außerdem noch in den Wahnsinn, also wischte ich mir erneut die Stirn, doch diesmal fühlte sich etwas anders an als bei den Paar malen zuvor. Es fühlte sich so an als wäre da eine Unebenheit auf meiner Stirn, beim drübergleiten verspürte ich einen leichten Schmerz und daraufhin fühlte es sich so an als würde ich noch viel mehr schwitzen. Ich richtete mich wieder auf um einmal einen Blick in den Spiegel zu werfen, ich wollte mir das versoffene Elend einmal genauer ansehen. Dann verschlug es mir den Atem. Eine Rothaut (darf man das überhaupt schreiben?) starrte mich entsetzt an. „Was ist das denn?" entfuhr es mir laut. „Scheiße!" Ich sah mich im Badezimmer um und mir wurde ganz flau im Magen, überall rote Tropfen, mein Arm blutverschmiert, mein Uhrenglas zerschlagen. Bei meinem windigen Weg nach Haus muss ich mir bei einem Sturz mein Uhrenglas zerbrochen haben und da ich meine Uhr am linken Arm trage, ist das um sich den Schweiß von der Stirn weg zu wischen sehr unvorteilhaft.

„Das muss genäht werden, verdammt!" Durch das laute akustische untermalen meines Elends, standen auch schon meine Eltern in der Tür.

Ab jetzt wird es stressig. Da ich auch da nicht mehr Herr der Lage

war, war es für meine Eltern und
meine Oma (die auch in dem Haus
wohnt) ein Kraftakt mich vorläufig
zu verarzten und ins Auto zu
verfrachten um mit mir ins
Krankenhaus zu fahren. Die
Strecke die normalerweise nur 20
Minuten dauert, dauerte nun so ca.
eine ganze Stunde und zwar
deshalb weil ich mir durch die
Bewegungen im Auto und die an
mir vorbei sausenden und hämisch
lachenden Bäume die ganze Sache
wörtlich noch einmal durch den
Kopf habe gehen lassen und dass
nicht nur einmal. Das hieß also,
Auto fuhr an, stoppte, Tür flog auf
und ich raus, kotzte und stieg
wieder ein und das immer wieder.
Im Krankenhaus angekommen
ging es dann relativ schnell, meine
immer noch blutendende Wunde
wurde versorgt und geklebt und
zwar von einem Arzt der ziemlich
ironisch rüber kam (Meinen Eltern

hat das gefallen, komisch oder?).
Hauptsache sie hatten alle Spaß
auf meine Kosten. Er
verabschiedete meine Eltern und
mich mit einem für die Situation
von ihm wohl sehr witzig
empfundenen „Sierra! Tequilla!!!"
Die freie Interpretation des darauf
folgenden Tages überlasse ich
ganz Dir, denn soviel sei vorher
gesagt, es ging hoch her.

Kapitel III

Urlaub soll ja im speziellen eine
genau geplante und im Laufe eine
angenehme und entspannte
Angelegenheit sein. Ist es
wahrscheinlich auch, aber wohl
nur dann wenn man nicht Müller
heißt. Ja, die Familie Müller ging
auf große Fahrt und zwar mit dem

Wohnmobil in die Lüneburger Heide. So fing es nun ziemlich still an, an einem Samstagmorgen um 7 Uhr wurden Miri (meine Freundin zu dem Zeitpunkt) und ich abgeholt, der Rest der Crew saß schon im Wohnmobil und trank Kaffee. Voller Elan setzte ich mich nach vorne zu meinem Vater um ihn auf der langen Fahrt als motivierter Beifahrer zu Unterstützen. Anna, Lisa, Steffen, unsere Mutter und Miri tummelten sich hinten und alberten rum, spielten irgendwelche fragwürdigen Spiele oder lasen einfach in irgendwelchen „Elfenwelt" Comics. Das Wetter war herrlich, also das was man in diesen frühen Stunden schon erkennen konnte. Die Fahrt zog sich trotzdem in die Länge und ich wurde von der Fahrt immer müder und schlief nach einiger Zeit letztendlich ein. „Tolle

Unterstützung." Hörte man es von der Fahrerseite her brummen. Meinem Vater fiel schon seit längerer Zeit das Verhalten der hinter uns fahrenden Lastwagen auf. Mal blinkten sie auf, mal hupten sie, oder winkten zu uns hin. „Erst mal eine rauchen." Dachte sich mein Vater und fuhr den nächsten Rastplatz an. Dort angekommen zündete er sich eine Zigarette an und schlenderte leicht angespannt um das Wohnmobil herum. „Was haben die denn?" überlegte er und prüfte jede Kleinigkeit. Nachdem er aufgeraucht hatte schlenderte er zurück und wir fuhren weiter. Ich bekam von der ganzen Aktion nichts mit denn ich schnarchte so vor mich hin. Wieder auf der Straße, wurden wir erneut von einem LKW angeblinkt. Was mein Vater nicht wusste, die Mädels im hinteren Teil der Reisekutsche hingen geschlossen am Fenster und winkten den Lkws zu und symbolisierten das diese doch mal hupen sollten.

Nach einer gefühlten Ewigkeit erreichten wir letztendlich unseren Aufenthaltsort für die nächsten sechs Tage.

Wirklich ein angenehmer und schöner Campingplatz war das, vor unserem Zeltplatz war direkt ein See mit einem künstlich angelegten Strand, wo man sich nach Herzenswunsch sonnen oder badengehen konnte. Herrlich. Es gab dort einen blau bemalten Wagen in Form eines Zuges, darauf konnten Kinder eine Rundfahrt durch das ganze Camp machen und sich die dort gebotenen Möglichkeiten einmal ansehen. Wir fanden das eine nette Idee und das die Kinder eher mit jammernden Stimmen auf diesem

Zug riefen „Wir brauchen Platz!"
fanden wir eher amüsant.
Die Müllers beim campen, ja das
ist schon was. Wir machten uns
daran die Zelte aufzubauen bzw.
das Campingmobil an die
Versorgung anzuschließen. Es lief
alles glatt, wenn man von der
Tatsache absieht dass man mein
Radio eiskalt ausgemacht hat als
ich in der Mittagszeit lauten Heavy
Metal gehört habe. Man muss sich
halt auf solchen öffentlichen
Erholungsoasen anpassen, sagen
wir mal so, man sollte es.

Anna und Lisa genossen es sich
vor unserem, ich nenne es mal
Zeltplatz, in der künstlich
angelegten Strandanlage zu
sonnen. Auch blieben diverse
Eingrab Späße und Sandburgen
bauen nicht aus. Anna, die nach
etlichen Stunden eine sehr schöne
Sandburg gebaut hatte und darüber

stolz wie Oscar war, wurde mal
wieder von ihrer von Grunde auf
bösartigen Schwester gemobbt.
Denn Lisa hatte nichts Besseres zu
tun als zielstrebig auf die Sandburg
ihrer kleinen Schwester zu
zugehen und diese mal so mir
nichts dir nichts platt zu treten.
Unglaublich.

Die Nächte waren eh am
erholsamsten. Wer träumt nicht
davon unter beruhigenden
Leuchtspur Munition Manövern
der Bundeswehr einzuschlafen. Für
all die romantiker unter uns, lasst
euch gesagt sein, kuscheln kann
und wird so niemals stattfinden,
also schenkt euch romantische
Aufenthalte in der Nähe von
Truppenübungsplätzen. Auch cool,
war es das eines Nachts der
Himmel aufbrach und es wie sagt
man in meteorologischem Slang?
Unwetter sich über unserem

Zeltplatz austobte. Abgesehen von der taktisch wunderbar platzierten Kabeltrommel in Miri und meinem Zelt die direkt an unseren Köpfen ruhte. Der durch den Regen und nicht imprägnierten Zeltbahnen unter denen wir ruhten, wurden wir relativ unsanft und feuchtfröhlich durch Donner und Blitze geweckt. Als Steffen anmerkte das es außerhalb des Wohnmobils wohl nicht ganz so behaglich wäre, erwiderte meine Mutter nur „stellt euch nicht so an!" als er dann noch hinzufügte das sein Zelt im Erdboden versunken war und er dadurch in einer Pfütze nächtigen müsse wurden auch die Bewohner der gemütlicheren Sektoren aufmerksam und erlaubten sich einen Blick nach draußen. Steffens Zelt war tatsächlich nur noch halb so hoch wie vorher, die Wassermassen hatten seinen Zeltboden unterspült und den sich vorher dort befindlichen Feuerplatz wieder zum Vorschein gebracht.

Am Morgen danach sah unser Ferienparadies alles andere als erholsam aus, es ähnelte eher einem Katastrophengebiet, jetzt bekam das rufen der in der kleinen Bimmelbahn gepferchten Kinder einen leicht bitteren Beigeschmack.

Da es auf dem Gelände ein Erlebnis Schwimmbad gab und die Nutzung dieser Anlage in der Platzmiete mit inbegriffen war machten wir uns auf, dieses Badeparadies einmal zu erkunden. Meine Mutter, Lisa, Anna, Steffen Miri und ich stolzierten Richtung Schwimmbad, mein Vater hingegen lehnte sich sichtlich erleichtert über die ihm bevorstehende Ruhe mit einer Flasche Bier zurück.

Als wir im „Badeland"
angekommen und uns den
Nutzungsbedingungen angepasst
hatten (Umgezogen waren).
Stürzte ich als Nichtschwimmer in
das Schwimmerbwecken um in
absoluter Motivation eine Bahn zu
ziehen. Ihr habt schon richtig
gehört ich bin Nichtschwimmer
und kann gerade so gut
schwimmen dass wenn ich mich
retten könnte wenn ich mal
irgendwo ins Wasser fallen würde.
Also ich versuchte die andere Seite
des Schwimmbeckens zu erreichen
und übersah zum einen das sich
immer mehr Menschen in dem
Schwimmbecken versammelten
und zum anderen überhörte ich ein
akustische Signal. Es sei vorher
gesagt dass die nächsten fünf
Minuten im Wasser für mich sehr
stressig, nahezu unheimlich
wurden.

Das akustische Signal war der Startschuss für die Wellenmaschine, die ein wenig Schwung ins Wasser brachte und zwar so sehr das ich mich nirgendwo mehr hin retten konnte weil die Wellenmaschine dort angebracht war wo ich eigentlich hinwollte nämlich an der anderen Beckenseite. Zum einen war ich der Wellenmaschine viel zu nah und zum anderen war ich zu weit vom rettenden Ausstieg entfernt. Scheiße also. Na ja ich schreibe ja gerade hier diese Zeilen, deshalb kann man davon ausgehen dass ich es überlebt habe. Da ich anschließend keine Lust hatte mehr in irgendeine weitere Aktivität mit einzusteigen kann man sich, denke ich, vorstellen. Also ruhte ich am Rande der Wasserrutsche und beobachtete mit meiner Mutter zusammen, das Treiben der restlichen Mitcamper auf der langen Wasserrutsche an. Sie lachten winkten und alberten und auf einmal war Lisa weg. Sie war von einem Strudel erfasst worden und dadurch auf der Rutsche unter Wasser gezogen worden. Wir wunderten uns schon anfänglich was Lisa für gute Lungen hatte um so lange zu tauchen, doch dann wurde die Sache langsam ernst und wir merkten dass dies keine Absicht von Lisa war. Gott sei Dank reagierte Miri sehr schnell, sie war hinter Lisa gerutscht und hat sie relativ schnell finden und aus dem Unterstrudel befreien können. Eine sehr gefährliche Sache die ca. 4 Wochen später einem sechs jährigen Jungen das Leben kostete.

Ja, Miri hatte schon tolle Reaktionen, dachten wir denn als Lisa auf dem Weg zurück zum Zeltplatz auf ihren Inlineskates zu viel Schwung hatte und auf Miri und mich zu raste. War nichts zu sehen von Reaktion. Wir schauten lediglich der kleinen Lies zu wie sie mit einem Affenzahn an uns vorbei schoss und mit einem gekonnten Arschklatscher zu stehen kam. Nun war guter Rat teuer Meine Mutter war am zicken und Lisa auch. Selbst Schuld. Raser! Aber keine Angst meine Mutter versorgte Lisa anschließend am Zeltplatz und zwar indem sie ihr Mineralwasser über die offenen Schrammen kippte. Sagen wir so der anschließende gemütliche Abend blieb auf der Strecke. Meine Mutter ist sowieso eher die Fürsorgliche denn Anna rannte den ganzen Tag mit zerrissenen Badeanzug herum. Sie wunderte sich zwar warum sie jeder so komisch ansah und auf die Frage hin ob irgendwas mit ihrem Badeanzug war, antwortete unsere Mutter, mit den Blicken in einem

Buch vertieft. Nö, alles in Ordnung. Geh du weiter schwimmen. Man kann unter dem Strich sagen dass sich nach dieser Badeparadies Erfahrung eher Unmut in unseren Reihen breit machte.

Wenn es am schönsten ist soll man ja bekanntlich aufhören und so machten Miri und ich einen letzten Spaziergang über das Gelände und blieben ein wenig bei dem Kinderspielplatz der dort auch war und spielten ein wenig Tischtennis. Mitten im Spiel störte uns auf einmal ein „Pssst" meine Mutter, Anna und Steffen waren auch da. Komisch dachte ich mir noch, die habe ich vorhin weder vom Zeltplatz weggehen sehen noch bemerkt das sie vor Miri und mir hier waren. Das hatte auch einen Grund, sie waren auf der Flucht und zwar vor unserm Vater. Der hatte nämlich die Idee den Toilettentank des Wohnwagens noch zu leeren bevor wir los fuhren. Wer jetzt aufgepasst hat wird sich nun schon denken können wer die Arschkarte ab bekam. Genau, es war Lisa die mit unserem Vater sowie einer überdimensionalen Bottich voller Exkremente um die Ecke bog und sich mir giftigen Blicken umsah wo die verräterische Bande die sich Familie schimpfte wohl abgesetzt haben könnte. Hätten Blicke töten können, hätte sich die Anzahl auf dem Campingplatz befindlichen Menschen drastisch reduziert. Wenn man jetzt noch bedenkt dass wir uns tatsächlich in einer Hecke versteckt haben um die beiden zu beobachten und auszulachen, dann bekommt das ganze einen wirklich harmoniehassenden Charakter, findest du nicht?

Ja, die Woche Erholung lag nun hinter uns und wir packten unsere Sachen und machten uns Abmarsch bereit. Wir wuchsen an neuen Situationen und so mancher hatte sich vorgenommen einen zweiten Geburtstag zu feiern, eine sehr emotionale Sache war dieser Urlaub. Aber verdammt lustig. Auf dem Weg nach Hause kehrte schnell Ruhe ein, ich als Beifahrer schonte meine Augen und meinem Vater fielen wieder diese Lkws auf. „Warum machen die denn Lichthupe?"

Kapitel IV

Wer kennt das nicht, wenn man keine Arbeit hat dann macht man sich welche. Ich befürchte zwar das sich nach dem lesen diesen Kapitels der Tierschutz einschalten wird, aber ich kann dieses Erlebnis nicht für mich behalten. Es dient wahrscheinlich auch einem selbsttherapeutischen Versuch die Seele wieder zu beruhigen. Auf jeden Fall kam mein Vater auf die Idee, unseren am Haus gelegenen Teich mal zu erneuern. Das heißt wenn mein Vater sagt wir machen das, meint er damit er delegiert und der Rest des Fußvolks macht. In diesem Fall ich. Na ja die Idee war wie folgt, der Teich wird einmal komplett abgepumpt um ihn zu reinigen, die Teichfolie zu erneuern und gegebenenfalls für Keu Karpfen Zucht gerecht zu gestalten was eine Vertiefung des Teichgrundes zur Folge haben sollte. Ok. Gesagt getan. Ach ja, eh ich es vergesse, diese Idee entstand nach ein, zwei Obstlern und gefühlt vom Sinn her zwei Kästen Bier. Los ging es an einen vielversprechenden

Samstagmorgen. Es wusste zwar niemand wie wir anfangen wollten, aber man war frohen Mutes dass diese Aktion am Abend erledigt sein würde. Ich hatte die Tage vorher schon Vorarbeit geleistet und am Ende des Teiches eine Keu Karpfen Bucht gegraben. „Wie bekommen wir das Wasser raus?" fragte ich. „Mit der Umwälzpumpe machen wir das." „Geht das denn wegen der Fische?" „Warum denn nicht?" antwortete er. Die Umwälzpumpe in der Mitte des Teiches eingebracht, ging es nun los, wir schalteten die Pumpe an und diese begann damit das trübe Wasser aus dem Teich zu pumpen. Inzwischen waren wir auch mehrere. Also Lisa und Jessica sind dazu gekommen. Als ich die Umrandung des Teiches abschritt um mir zu überlegen wie wir am besten die neue Teichfolie einbringen, machte ich eine

grausame Entdeckung. Die Fische wurden durch den Sog der Pumpe eingezogen und aus dem Teich befördert und da die Fische größer waren als der Anziehungspunkt an der Pumpe, war es ein schreckliches Ende für die armen Fische. „Mach sofort die Pumpe aus!" rief ich. Was ist denn los?" „Mach sie aus, sie macht die Fische kaputt!" Das bekam Lisa mit und riss förmlich den Stecker der Pumpe aus der Wand. Wutentbrannt schimpfte sie los „Das kann man sich doch denken das dass so nicht funktioniert, denkt doch mal nach!"
Was vorher als einfachster Part gelten sollte zog sich nun schon drei Stunden lang hin, denn wir entfernten nun das Wasser via Eimern aus dem Teich, um die Eimer anschließend noch nach Fischen abzusuchen, hätten wir das nicht gemacht hätte Lisa uns wohl

verprügelt. Die Fische wurden umgesetzt in einen großen Bottich wo sie bis zur Fertigstellung des Teiches ausharren sollten. Da es ein ziemlich warmer und sonniger Tag bemerkte nun niemand das sich der Bottich in der Sonne so langsam aufheizte, da er nun mittlerweile immer schwerer und voller wurde war es nicht mehr möglich diesen auch nur annähernd zu bewegen um aus der Sonne zu schieben. Außerdem wurde auch die Luft im Wasser knapper und so sprangen die ersten Fische aus dem Bottich auf das Gras. Es wurde stressig. Wir brauchten eine Pumpe die sich irgendwo im Hausrat befand aus alten Aquarium Tagen. Nun wurde im absoluten Eiltempo der Teich gereinigt und wieder mit Wasser befüllt. In der Zwischenzeit wurden die Fische im Schichtdienst aus dem Gras gefummelt und wieder in den Bottich zurückgebracht. Wir nutzten so viele Wasserzuläufe wie möglich um schnellstmöglich den Teich zu befüllen. Bei der ganzen Aufregung, denn es ging hier um zahlreiche Leben, einigten wir uns darauf den Teich nur zu reinigen und die Teichfolie nicht zu erneuern. Nach diversen Abstürzen ins Wasser, da diese verdammte Plane nass und dadurch glatt wie Sau war. Schafften wir es die Fische zurück in Ihre gewohnte Umgebung zu schaffen. An diesem Tag haben wir wirklich sehr viel geschafft, das ganze Unterfangen Teich Renovierung haben wir an einem Tag geschafft und nicht wie geplant and drei Tagen (dachten wir). Durch das Abrutschen auf der Plane ist diese an manchen Stellen undicht geworden. Das heißt alles von vorne. Es sei aber gesagt dass die zweite Runde wesentlich problemloser ablief als der chaotische erste Versuch. Es gab auch keine Verluste was Lisa sehr zufrieden stimmte, bis auf diverse Abstürze und Ausrutscher, sowie blauen Flecken ist nichts Spannendes passiert. Bis auf das wir bis heute keinen einzigen Keu Karpfen gesetzt haben.

Heute ist dieses prachtvolle Gewässer nur noch Spielplatz für Lisas Hund. Der rennt da im Winter drüber wie eine Eisprinzessin und sonst frisst er den Fischen immer das Futter weg, weil er vom Blick her zu urteilen, es nicht einsieht das gute trockene Brot vor die Fische werfen zu lassen.

Kapitel V

Haustiere sind eine Bereicherung
für jede Familie, also blieb es auch
bei uns nicht aus. Unter uns
weilten Originale und Klassiker
wie „Willi", „Orki" und
mittlerweile der bösartige „Loki".
Das war unsere Hundestaffel.
Komplettiert wird das ganze noch
durch „Mary und Lynn" „Mr.
Snippy und Kaya" „Tequilla und
Sunrise" so komische stinkende
Kaninchen und sehr seltsame
Möchtegern Hunde wie Susi und
Kim. Eine Menge von treuen
Gefährten habe ich hier aufgezählt
und glaubt mir jeder einzelne ist
bzw. war ein absolutes Unikat und
absolut in unsere Familie passend.
Ich befasse mich mal mit dem
besten Freund des Menschen und
fange bei „Willi" an. Der konnte ja
nicht nur gut Schlitten ziehen und

Kaninchen jagen, nein, er hatte auch sehr viele andere sehr wertvolle Eigenschaften. Willi war ein absolutes Prachtbeispiel an überschwänglicher Freude. Selbst bei fremden Menschen konnte er es sich nicht nehmen lassen sie voller Überschwang zu begrüßen. Der arme hat sich immer so sehr gefreut dass er seinen Schwanz immer wund geklopft hat an diversen Wänden, Tischkanten und keine Ahnung an was noch. Er rannte sehr oft mit einem Pflaster oder anderen Verbandsutensilien dekoriert herum, was ihn für die Familie Müller passend kennzeichnete. Außerdem hat er einen absoluten Eisenmagen gehabt denn er hat alles verspeisen können, von Plastikbechern bis kompletten Geschenkartikeln war einfach nichts vor ihm sicher. Diesen Anflug von Fressflash hat er immer dann bekommen wenn es nicht nach seiner Nase ging und glaubt mir dieser Hund war eine absolute Zicke und nicht so leicht wieder zu versöhnen. Auch schön ist mein Vater, er ist so sehr auf Hunde fixiert das nichts über sie kommt. Als meine Mutter mit Lisa schwanger war und es so allmählich in die finalen Stunden ging, ist Willi mal ganz cool abgehauen und zwar weil die beste Freundin meiner Mutter das Gartentor zum Wald offen gelassen hat. Das Verschwinden des Hundes wurde auch erst dann bemerkt als bei meiner Mutter so langsam die Wehen einsetzten und man leicht angespannt den Weg ins Krankenhaus antreten wollte. „Wir fahren erst dann, wenn der Hund gefunden ist." Sprach der werdende Vater. Leicht angesäuert teilten sich dann beide auf, meine Mutter zu Fuß und mein Vater wie es sich für den Herrn des Hauses gehört im Auto. Der Abend wurde kälter und meine Mutter immer unsicherer was eine Entbindung in einem Krankenhaus betraf, sie stellte sich mal mental darauf ein ihr Kind am Straßenrand zu bekommen. Mein Vater hat sich in der Zwischenzeit nicht lumpen lassen und sich mal ganz Lässig die Vorfahrt nehmen lassen. Blechschaden. Als diese Banalitäten dann alle wieder unter Kontrolle gebracht wurden und man sich am Hause Müller wieder traf, kam auch die Vierpfote ganz entspannt von seinem Spaziergang zurück. Nun konnte der ruhigere Teil des Abends beginnen und zwar die Geburt meiner Schwester Lisa.

Willi war immer für eine Überraschung gut und wusste sich in Szene zu setzen, genau wie der nächste Kandidat unser Freigeist der „Orki".

An Orki eigentlich Orkan war immer cool, er wusste sich selbst zu beschäftigen und verbrachte sowieso eher Zeit mit sich und seinen Spaziergängen. Er hatte gar kein Interesse an Gemeinsamkeiten außer der Herr hatte mal das Bedürfnis gestreichelt zu werden. Da Orkan ein Dackel, Kurzhaardackel um genau zu sein, war musste er sich auch immer ziemlich lautstark mitteilen was im Einzelnen auch nerven konnte. Es war eher Zufall das Orki bei uns gelandet ist, denn normalerweise war er als Geschenk für meine Oma gedacht die gerade ihren Spitz nach langer Krankheit verloren hatte. Nur gab es da ein Problem, sie wollte zu dem Zeitpunkt keinen Hund mehr und so standen wir da und waren um ein Familienmitglied reicher ohne lange Wartezeit. Sachen gibt es. Na ja wir haben uns alle sehr schnell aneinander gewöhnt und wollten Orkan auch auf gar keinen Fall mehr missen.

Außerdem war es bei Orki so, dass er sobald meine Mutter bzw. meine Eltern das Haus verließen er eine Welle geschoben hat die als nebenstehender fast unerträglich war. Ein Geheule und Geschimpfe, immer dasselbe. Also stellten sich die Bekannten und Freunde darauf ein wenn meine Eltern zu Besuch kamen einen Platz auszugucken wo man eine kleine kurzhaarige Dramaqueen parken konnte. Da Dackel ja Jagdtiere sind traten folgende unangenehme Nebenwirkungen auf, Orkan hat sich wohl im Geheimen zur Aufgabe gemacht die Nachbarhaustiere zu eliminieren, er hatte nämlich bis zu seinem wirklich traurigen Ende eine Killer Bilanz von zwei Meerschweinchen, einem

Kanarienvogel, nö es waren zwei und 15 Hühnern. Wahnsinn wenn man das so liest, Gott sei Dank hatten wir eine gute Haftpflicht für den Hund. Leider kam Orkan in die Jahre und wurde langsam von Alterserscheinungen aufgefressen, eines Tages lag er in der Einfahrt meiner Oma, wahrscheinlich um sich zu sonnen, und durch seine Taubheit bemerkte er nicht das sich der Mercedes meiner Oma in Bewegung setzte, weil diese zum Einkaufen wollte. Meine Oma, wie es der Kosename schon sagt ist auch nicht mehr die jüngste, sie übersah den sich vor ihrem Auto sonnenden Orkan und überfuhr ihn.

Orkan fand letztendlich einen schönen sonnigen Platz auf unserm Grundstück und böse Zungen behaupten Orkan konnte nicht ertragen auch sterblich zu sein und blieb mit Absicht vor dem Auto liegen. Selbstmord also.

Der Höhepunkt des ganzen kommt jetzt, ein kleiner Labrador Mischling der Zu Recht nach dem Unheilsgott benannt worden ist und zwar „Loki". Loki ist der einzige Hund der etliche Titel hat. Sein kompletter Name lautet wie folgt. Lokhannes (Loki) Florian Schluppi van DeMischling, Kommandant vom Land, Eisprinzessin Sir Loxy von Aegidienberg. Ein arroganter Schnösel also wirst du dir jetzt denken, richtig. Er ist ein absoluter Sturkopf und Prolet. Er isst kein Fleisch, stell dir das mal vor, ein Hund der absolut wählerisch frisst. Mein Vater und meine Schwester die kochen sogar für den Hund. Brüller! Hätte ich das nicht selbst gesehen, dann würde ich bist Heute noch darüber lachen. Von diesem kleinen Teufel ist noch einiges zu erwarten und das ist schön, denn er ist und bleibt wie alle unsere Haustiere ein geliebter Teil der Familie.

Kapitel VI

Unsere ich nenne sie mal reiferen Mitmenschen, weil alt hören die so ungern. Halten uns auch auf die eine oder andere Art und Weise auf Trapp. Zumindest sind sie oft mit Rat und Tat zur Seite auch wenn man diesen mal nicht unbedingt braucht. Meine Großmütter könnten unterschiedlicher nicht sein. Die eine Oma Anne-Marie ist eher der konventionelle Großmutter Typ, sie backt gerne, lauscht Marschmusik und ist eine Freundin des Sonntäglichen Spazierganges.

Sie ist ein absolutes Phänomen,
denn sie ist mit ihren 87 Jahren
alles andere als Träge, nein, sie ist
ein absolutes Kraftpaket.
Sie hat sich vor kurzem einen so
genannten AOK Chopper zugelegt.
(Es handelt sich in diesem Fall
nicht um einen Rollstuhl, sondern
um einen Gehwagen.) Das Beste
daran wenn sie damit auf Tour
geht, scheint sie dieser Wagen eher
zu stören als ihr zu helfen. Klar
ermutigt sie dieses Hilfsmittel dazu
vor die Tür zu gehen, aber neutral
beobachtet bräuchte sie den
überhaupt nicht. Als meine Mutter,
Lisa und Anna letztens im Dorf
Eisessen waren wunderten wir
nicht schlecht als wir sahen wie
eine ältere Frau nahezu über die
Straße huschte. Als wir dann noch
erkannten wer diese ältere Dame
war, nachdem sie Treppenstufen
zum Friedhof hochgesprungen ist,
waren wir sehr erstaunt. Meine

Mutter hingegen schwieg und man merkte dass ihr dies zu schaffen machte da sie sich kurz davor beschwert hatte nicht mehr ganz so gut gehen zu können. Man kann neidlos zugeben dass man in diesem erreichten Alter von 87 auch gerne noch so fit sein würde. Vor allem möchte ich in dem Alter immer noch so Unternehmungslustig sein wie sie, denn sind wir ehrlich wessen Oma zockt regelmäßig Karten am Sonntag. Ich möchte das auf jeden Fall, es ist beneidenswert. Meine andere Oma Elli zum Beispiel ist von einem ganz anderen Schlag. Sie ist auch noch ziemlich Fit für ihre 74, hat zwar ein leichtes Hörproblem, dennoch ist sie voller Tatendrang und in ihrem Temperament nicht zu stoppen. Sie sorgt durch ihres schlecht hören oft für Lacher, denn wer findet es nicht fragwürdig wenn eine liebe

Dame vor einem steht und sich über Leichenteilen auf der Fahrbahn beschwert, obwohl es im Radio doch Reifenteile benannt wurde.

Auch sehr schön hat sie einmal die Frage meiner Mutter:" Wo ist eigentlich Gerd?" mit „Keine Ahnung wo ihr euer Spielzeug immer rumliegen lasst." Beantwortet. Diese List lässt sich eigentlich noch Maßlos ausweiten aber ich denke das sprengt unseren Rahmen. Einen habe ich aber noch. Sie hat sich gefreut wie ein Kind, als sie in den Nachrichten gehört hat das die Wildkaninchen nach Deutschland zurück geflogen kommen und Zwischenlandungen auf diversen Parkplätzen machen. Das war schon was.

Jeder Mensch hat seine Macken und wer sagt er habe keine, der hat schon zwei. Eine große Familie macht eben das aus, viele

Menschen mit verschiedenen Macken. Was glaubst du denn wie die Post an Familienfesten bei uns abgeht. Es ist alles nur nicht langweilig und das ist gut so. Denn stellen wir und mal vor dieses Buch würde einfach nur von Familien handeln bei denen jede Unterfangen gerade aus verlaufen würde. Das wäre viel zu einfach und genau so langweilig.

Kapitel VII

Bei normalen Familien ist es ja so das jeder verteilt in irgendwelchen Regionen wohnt und man sich dann ab und zu mal sieht zum Kaffee oder so. Bei meinem Vater ist das anders. Als seine Kinder zum Großteil ausgezogen waren

(Lisa holte sich Loki zur Unterstützung) war ihm wohl ihm sein großes Haus viel zu Ruhevoll. Mein Vater gehört eher zu den ruhigen Menschen die auch oft als Eigenbrödler tituliert werden und wenn man ihn mal besuchte schien es auch immer so als wäre er glücklich so allein. Es scheint ja fast nicht so gewesen zu sein, denn so nach und nach holte er sich diverse Familienmitglieder ins Haus. Von meinem Cousin Chris angefangen der meinen Vater immer liebevoll den Herbergsvater nannte. Bis hin zu meiner Tante die einen absoluten Ruhepol in den Haushalt einbringt der wirklich untypisch für den chaotischen Müller Alltag ist. In der Nachbarschaft wird das Haus auch oft als Kommune bezeichnet, nicht besonders einfallsreich, dennoch treffend. Außerdem leben in dem Haushalt noch die Ex-Freundin von Steffen, das sie sich dort noch aufhält ist für viele wohl eher Fragwürdig doch muss man sagen sie passt mit ihrer leicht desorientierten Art recht gut in das Umfeld. Sie hat vor kurzem ihr Auto gewaschen und ich meinte zum Spaß „Hey, wenn du da schon mit Wasser hantierst, dann zieh dir doch wenigstens ein weißes T-Shirt an." Ja, ich bin ja letztendlich auch nur ein Mann. Ihre Antwort allerdings verwunderte mich. Ich hatte damit gerechnet dass ein blöder Anti-Macho Spruch kommt. Aber sie erwiderte nur „Wieso? Wird das Auto davon besser sauber?" Du wirst jetzt bestimmt denken warum das, ist doch ein gelungener Counter gewesen, aber das täuscht denn sie meinte die Frage tatsächlich ernst.

Meine Oma Elly ist ja ein eher experimenteller Mensch, so konnte sie es sich nicht nehmen lassen im

Boom der Inline-Skater sich diese in meinen Augen eh fürchterlichen Dinger, auch einmal anzuziehen und ein Ründchen auf unserer Beton Terrasse zu drehen. Als ich hoch in mein damaliges Zimmer ging wurde noch lauthals gelacht. „Du bist cool drauf." haben sie zur Oma gesagt. Ich war nun nicht mehr wie zehn Sekunden in meinem Zimmer, als ich im unteren Stockwerk ziemlichen Tumult wahrnahm. „Peter!" „Peter, komm mal schnell!" Es ist also das eingetreten was ich mir vor dem geistigen Auge schon ausgemalt hatte. Ich hätte meinen Allerwertesten darauf verwetten können. Und dabei hatte sie die Dinger noch gar nicht an. Also rannte ich runter, stolperte selber über meine eigenen Füße und nahm den Rest der Treppe (Also fünf Stufen) auf einmal. Da lag sie nun (die coole Oma.) „Was machen wir denn jetzt?" fragte Tanja (Tanja wohnte zu dem Zeitpunkt auch bei uns in der Kommune, als Pflegekind.) „Ja, erst mal aufheben würde ich sagen.) antwortete ich. Gott sei Dank war sie noch bei Bewusstsein so dass die befürchteten Wiederbelebungsversuche ausblieben. Man sah schon im Ansatz dass ihr linker Arm in Mitleidenschaft gezogen worden war denn er war so ca. um 45 Grad nach außen geknickt. Wir brauchten also zunächst mal jemanden den wir rufen konnten um mit Elly ins Krankenhaus zu fahren. Letztendlich haben wir einen der Nachbarn alarmieren können der mit ihr ins Krankenhaus fuhr. Keine viertel Stunde später traf dann auch meine Mutter ein, die dann den Rest in die Hand nahm.

Als wir Elly dann im Krankenhaus besuchten. Nachdem sie schon etliche Operationen hat über sichergehen lassen müssen und sie uns mit einem stattlichen Schraubensortiment im Arm begrüßte. Sagte Anna nur „du bist ja so cool." Es wird jetzt wohl kaum jemanden wundern das sie keine Inliner mehr anprobiert geschweige denn in irgendeiner Art und Weise bewegt hat. Oder?

Oma Anne-Marie ist auch hin und wieder für Überraschungen jeglicher Art gut, denn als sie eines Tages eine Grippe überfiel, für sie nahe am Weltuntergang, fühlte sie sich von dem Rest der Familie im Stich gelassen. Was so ja eigentlich nicht stimmte, mein Vater blieb halt nicht rund um die Uhr bei ihr und das war unverantwortlich als Sohn einer schwerst kranken Dame. Als er

dann einen ganzen Tag gar nicht
rüber ging musste Oma Anne-
Marie das tun was jeder von uns in
so einer Situation tun würde. Sie
rief mit den letzten Kraftreserven
die sie noch hatte die Feuerwehr an
und bestellte sich eine leckere
Currywurst mit Pommes rot weiß,
da sie sonst nichts zu Essen
bekommen würde. Daraufhin
folgten leichte Differenzen mit
meinem Vater die aber schnell
wieder aus der Welt geschafft
waren. Wir sind doch Familie. Wie
es scheint eine Rabenfamilie, aber
immerhin.
Habe ich erwähnt dass wir Müllers
alle sehr wehleidig sind wenn es
um Erkältungen und Grippen geht?
Nein?
Oh Ja dass sind wir und wehe
unseren Partnern wenn wir nicht
die nötige Aufmerksamkeit
bekommen die wir brauchen, dann
weinen wir eben. Nein, nein. So

schlimm sind wir dann auch nicht, aber da wir diesbezüglich noch in den Startlöchern sitzen, ist diesbezüglich wohl noch einiges zu erwarten. Da ich mich im Augenblick auch nicht so wohl fühle, glaube ich nicht dass ich dieses Buch zu Ende bringen werde.... „Schatz! Ich fühl mich nicht so gut."

Kapitel VIII

Hast du dich schon mal gewundert über ein elektrisches Fondue Set was nicht warm wird aber stinkt wie die Hölle? Nein? Dann pass mal auf. An feierlichen Tagen wie Weihnachten oder Neujahr gibt es bei den Müllers immer schön lecker Fondue. Also war es an der

Zeit sich einmal ein elektrisches Set zuzulegen da das rustikale alte, welches noch mit Spiritus und Anzünder betrieben wurde und was durch Überhitzung schlicht mal geplatzt ist, auszutauschen. Der Kniff dabei ein neues Set aufzustellen liegt darin, einmal die Gebrauchsanweisung durchzulesen. Da wir alles Analphabeten sind sparen wir uns das immer. Verstehst du, wir haben das nicht Nötig. Und da Hochmut vor dem Fall kommt, kostete uns der Erfahrungspunkt in Zukunft doch mal hin und wieder eine Gebrauchsanweisung zu lesen, nur einen Holztisch. Wir wunderten uns zwar dass die Brühe in dem Fonduebehälter nicht warm wurde, aber es sehr stark, sehr komisch roch. Machten uns aber nichts daraus denn was soll beim Fondue schon passieren. Ich kann dir sagen was da passiert ist.

Wir Fachleute haben das Heizelement schlicht und ergreifend falsch herum auf den Tisch gestellt. Der Clou an der Sache war der das sogar der Knopf AN und AUS auf dem Kopf stand und wie gesagt da wir des Lesens nicht mächtig sind ist uns das wohl durch gegangen. Abgesehen davon das wir einen eingerannten Kreis nun im Tisch hatten, war es doch ein recht amüsantes und besinnliches Weihnachtsfest. Ach ja, eh ich es vergesse. Wir haben es inzwischen doch drauf Fondue Sets aufzustellen und die Feuerwehr die sonst nur für Currywurst Bestellungen benachrichtigt wird, wird sich über den Umstand freuen dass wir in Zukunft nur noch unter Vorsicht solche Geräte nutzen werden. Wir versprechen es.

Die lieben Nachbarn sind oftmals
eine Bereicherung für den
schlichten Alltag. Meine Mutter
bot damals oft den
Nachbarschaftlichen Service an
Haare zu schneiden. Ich fand dass
immer eine schöne Idee da man
sich immer nett unterhalten konnte
und ständig das neueste an Klatsch
und Tratsch erfahren hatte. Da
meine Mutter auch gerne mal
emotional auf diverse Themen
reagiert war es wohl abzusehen das
sie irgendwann denn rechtzeitigen
Absprung nicht mehr schaffte und
einem unserer Nachbarn der extra
zu meiner Mutter gekommen ist
weil er auf einen schönen Ball
gehen wollte. Im Anzug, nett zu
Recht gemacht ein wenig tanzen
und Spaß haben wollte. Von
wegen. Meine Mutter rutschte
mitten im Gespräch ab. Schlecht.
Denn wie es der gemeine Zufall so
wollte hatte sie einen falschen

Aufsatz gewählt, was heißt falsch,
zum Ecken und Konturen rasieren
war dieser perfekt.

So verschnitt sie sich also und das
Umfeld wurde nach einem
ausgesprochenem „Upps." Sehr
schnell sehr blass.
„Oweia und jetzt?" Die Frisur war
im Eimer und der Ball so circa drei
Stunden entfernt. Viel gesprochen
wurde an diesem Tag nicht mehr.
Da war ein Bildhübscher Mensch
der in Anzug und reizender
Begleitung zu seinem Auto ging
und eine kahle Stelle durch seine
gestylte Frisur klaffte. Es war wie
ein Autounfall, es war schrecklich
anzusehen aber aus einem
perversen Grund konnte man auch
nicht weg sehen. Meine Mutter
hatte so ein schlechtes Gewissen
das sie Albträume bekam und
unserem Nachbarn lange zeit aus
dem Weg ging, sie fasste seit dem

auch keine Schere geschweige denn Rasierapparat mehr an. Nach Monaten stellte sich raus das unser Bundespräsident die gleiche Frisur trug und das machte die ganze Angelegenheit schon wieder zu einem Kunst Highlight. Da der Ball unseres Nachbarn ein voller Erfolg war und er sich sehr darüber amüsiert hatte das meine Mutter ihm mit gesenktem Kopf aus dem Weg ging. Im Nachhinein kann man es so ausdrücken das meine Mutter versucht hat einen neuen Trend zu setzen der sich aber letztendlich doch nicht durchsetzte. Was man so auch nicht sagen kann da ein Limonaden Hersteller später mit zerschnittenen Frisuren für sein Produkt Werbung machte und diese Werbung hatte mindestens Kult Status.

Manchmal gibt es auch Zeiten und Anlässe für Beichten.

Ich hatte einmal ein Fahrrad. Ein sehr schönes und dieses bekam ich weil wir ein Punktekärtchen ausgefüllt hatten. Ich war ziemlich stolz darauf und hatte es auch schon mehr wie sehr gut eingefahren. Ich war zu diesem Zeitpunkt mit Miri zusammen und wir hatten die Angewohnheit uns immer mal, mindestens einmal, im Monat zu trennen. So ein ständiges auf und ab soll ja die Beziehung beleben. Also so prickelnd war das jetzt auch nicht. Wo war ich stehen geblieben. Ach ja. Da unsere Eltern zu dem Zeitpunkt nicht ganz so gut auf uns zu Sprechen waren, sahen wir es als unproblematischer und nachts zu treffen. Eines Nachts, es Gewitterte. Schlich ich mich aus dem Elternhaus (mal wieder, aber da kommen wir später noch zu). Ich nahm mir mein edles Gefährt und machte mich wie ein Superheld auf zu meiner Holden.

In der Szenerie mit Blitzen und mit Donnern untermalt musste meine Fahrt recht Filmreif ausgesehen haben. Endlich angekommen stellte ich mein Rad an dem Zaun Ihres Elternhauses ab und bewaffnete mich mit diversen Kies Steinchen da dies unser geheimes Signal war. Wir verbrachten eine relativ entspannte Nacht. Als ich dann im Morgengrauen wieder aufbrechen wollte bemerkte ich einen Verlust. Mein Rad war weg. Und ich verfluchte mich selber, denn es kam nun zu Tage was ich in der gestrigen Nacht übersehen hatte. Es war Sperrmüll und ich Super-Depp stellte mein Fahrrad direkt neben einer Sammlung diverser alten Fahrräder ab. Kein Wunder also, bei den ganzen Interessierten, das mein fahrbarer Untersatz nicht mehr da war. Wie erklärt man also solche peinlichen Situationen als Jugendlicher der alles im Griff hat? Genau. Man erzählt den Eltern es sei vor der Haustüre geklaut worden, was machen die, sie melden es der Polizei. Es hat mich nicht wirklich überrascht nichts mehr davon zu hören, aber trotzdem liegt mir das auf der Seele. Also Gerd und Maria. Ich gebe es zu, mein schönes Fahrrad ist nicht gestohlen worden. Ich habe es vom Prinzip her zum Sperrmüll gestellt und selbst versaut. Verdammt. Das ist heute noch ärgerlich und ich könnte mich dafür immer noch in den Hintern beißen.

Außerdem werde ich nun gestehen dass ich mich öfters raus geschlichen habe um mit meinen Kumpels Bier zu trinken. Bis auf einmal da habe ich aufgrund der Zeitumstellung verschlafen und dachte mir dann „Ach was soll's ." und blieb im Bett. Der Rest meiner

Kumpels hat sich getroffen und hatte einen wohl sehr lebhaften Abend. Sie hatten die glorreiche Idee sich mit Bier vor das Schlafzimmerfenster der Eltern zu stellen. Da diese sich über den plötzlichen Lärm so erschreckt hatten. Stand der Vater innerhalb von wenigen Sekunden in der Gruppe und Griff blindlings um sich „Ruf die Polizei!" rief er zu seiner Frau die auch ohne mit der Wimper zu zucken den Anruf tätigte. Jetzt kommt das Beste. Als die Polizei dort ankam saßen alle beisammen und genehmigten sich ein Bier (die Polizei natürlich nicht). Man hatte sich im Licht auf einmal wieder erkannt und sich dann gedacht „Ach, wir waren ja auch mal jung." Hauptsache mal auf die Kacke gehauen und Stress gemacht.

Das sind ungefähr die Art von Eltern die eh meinen immer alles im Griff zu haben. Und an dieser Stelle sei gesagt lieber Herr und Frau Mustermann, ihre Kinder waren die schlimmsten Verbrecher, die zu dieser Zeit das Dorf unsicher machten. Ich habe es geliebt, wenn gerade diese Prachteltern vor meinen Eltern standen und von oben herab sagten „Also unser Eddie, dem würde so etwas nicht im Traum einfallen." Das ganze dann gefolgt von einem selbstherrlichen Lächeln, machte das gesamte Paket komplett. Das die Polizei aber den guten Eddie, nach Alkoholgenuss von dem Roller seines großen Bruders angelte und er deswegen erst das eine oder andere Jahr später den Führerschein hat machen dürfen, wurde mit keinem einzigen Wort erwähnt. Sehr seltsam.

Kapitel IX

Als Eltern hat man es nicht leicht, sagt der Volksmund. Und ich muss diesem Zustimmen. Wenn ich meine Eltern Rückbetrachtet anschaue muss ich feststellen dass sie viel mit ihren Kindern mitgemacht haben. Von Anna angefangen, die andauernd ausziehen wollte um sich mit Ein Einhalb Jahren schon selbstständig machen und leben wollte und jede Gelegenheit nutzte um sich wegzuschleichen. Das Beste war einmal als es an der Tür klingelte und mein Vater schon genervt die Türe öffnete. Vor Ihm standen nun sechs Mann einer etwas übel aussehenden Rocker Gang. „Ist das ihr Kind?" klang es mit ziemlich brummender Stimme. „Ja." Antwortete mein Vater etwas kleinlauter. Er machte sich schon auf einen Kampf nach alter Mad Max Art gefasst und überlegte sich schon die richtige Taktik. „Dann passen sie in Zukunft besser auf das Mäuschen auf. Ok?" sprach der Riese. Mein Vater nickte und nahm Anna an sich. Als er die Tür schloss war er froh dass er sein Leben noch hatte. „Wer war das?" fragte meine Mutter. „Nichts besonderes." ;-)

Es wundert jetzt also nicht das als mein Vater, der Oma Anne-Marie nach Hause gefahren hatte, zurück kam und ein kleines Mädchen auf der Straße antraf. Als er sich in Gedanken fragte, welcher unverantwortliche Elternteil da sein kleines Kind allein draußen herum laufen lässt. Stiegen ihm schon kalte Schweißperlen auf die Stirn, denn er erinnerte sich an folgendes weises Zitat:" Passen sie in Zukunft besser auf das

Mäuschen auf." Anna hatte danach nicht mehr die geringste Chance abzuhauen. Alle Haustüren waren von da an verschlossen und es gab keine Möglichkeit für kleine Mädels wegzuflitzen. Diese Tradition hält sich übrigens bis Heute, weshalb wir unsere Gäste auch gerne mit „Willkommen auf Alcatraz." Das ganze ist notwendig da jetzt zwar keine Kinder mehr weglaufen wollen, es aber einen frechen Hund Namens Herr van DeMischling gibt (Loki) der nicht verschlossene Türen ohne Probleme öffnen kann.

Lisa hingegen stresste Phasenweise damit dass sie sich diverse Utensilien wie Murmeln und Schoko Linsen in die Nase steckte. Meine Mutter beschreibt es immer so das der Blick in den Rückspiegel auf Lisa immer den Anblick eines Schokobrunnens bot

der Lisa aus der Nase lief, denn
Schoko Linsen schmitzen immer
und überall. Von wegen nur im
Mund. Außerdem ähnelte Lisa
immer einem Schwerkriminellen,
denn wer sie zum allerersten mal
sah, stellte unweigerlich fest, dass
da ein Kind in einem Geh Frei
(Gehwägelchen) saß und an einem
Baum, mit einem Seil, angeleint
war. Ein ziemlich fragwürdiger
Anblick wirst du dir jetzt denken.
Es war nur zu ihrer Sicherheit,
denn wie alle Kinder der Familie
Müller war Lisa auch sehr
Freiheitsliebend und lauerte, genau
wie Anna später, auf einen
passenden Moment um
durchzubrennen.

Ich selber war ja eher das ruhige
und sympathische Kind, ich
machte nie Ärger oder
Unannehmlichkeiten. Ok. Die paar
male die ich voller Herzenslust in

Steckdosen gegriffen und durch den Raum geflogen bin zählen ja nicht mit. Auch das ich Willi mit Hautcreme von schwarz auf weiß umgestaltet habe sowie diverse Möbelteile auch, fällt wohl nicht ins Gewicht. Außerdem hat das ja eh jeder gemacht. Denke ich. Ich war schon immer ein kreatives Kerlchen. Außerdem muss ich meinem Vater bis Heute hoch anrechnen dass er mich damals nicht verprügelt hat. Als ich ihn an einer vollen Kasse in einem riesigen Warenhaus habe stehen lassen, damit er Kondome für mich kaufte. Mir war es zu peinlich und so setzte ich mich still und heimlich ab. „Ich bin mal Cd´s gucken." Sein Blick sprach Bände.

Auch immer sehr gerne erzählt wird der Versuch meiner Mutter mich Aufzuklären. Ich kam von einer Klassenfahrt wieder. Wir waren Skifahren in Bayern und das einzige was ich aus diesen „Urlaubstagen" mitbrachte waren blaue Flecken und eine „Keinen Bock mehr aufs Skifahren" Einstellung. Denn wenn ich eines auf den Pisten gelernt hatte, dann das stürzen und da rede ich von stürzen die für den normalen Betrachter glatt als übelst gefährlich durchgegangen wären. Zurück zu meiner Mutter, als sie mich auf dem Dorfplatz vom Bus abholte, äußerte sie den Wunsch etwas Essen zu gehen. Gesagt, getan. Wir fanden uns im nobelsten Restaurant ein was unser Dorf so zu bieten hat. Ich weiss noch genau wie heute, was ich mir bestellt habe. Es war ein wirklich köstliches „Wiener Schnitzel". Als wir dann schließlich vor unseren Mahlzeiten saßen, holte meine Mutter aus. „Peter. Es gibt da Dinge zwischen Männern und

Frauen, die äußerster Vorsicht bedürfen." Dazu muss ich noch sagen dass ich zu diesem Zeitpunkt schon mindestens drei Jahre mit meiner Freundin zusammen war und ich mindestens ein Jahr schon diesen Dingen zwischen Männern und Frauen frönte. Als ich auf den Bahnbrechenden Satz meiner Mutter nur entgegen brachte „Ist alles schon passiert und wir verhüten." Wurde es ein sehr ruhiges Abendessen. Sie schüttelte glaube ich heimlich den Kopf. Dennoch wurde dieses Thema nicht mehr aufgegriffen. Doch, wohl! Ab und an wenn meine Zimmertür aufging und eine Packung Kondome rein geworfen wurde (Die wahrscheinlich mein Vater gekauft hat.) wurde es als stiller Protest gegen das unzüchtige Verhalten des Sohnes gehalten, nehme ich an.

Auch auf den Verdacht hin das du jetzt denkst Steffen hätte ein Alkoholproblem, muss ich unbedingt noch von dem Abend erzählen, an dem ich mich entspannt auf die Terrasse meines Elternhauses setzte und in den Sternenhimmel sah. Gedanken verloren und dem Funkenspiel meiner Zigarette zusehend. Störte meine innere und äußere Ruhe ein dezentes Poltern. Steffen war nach einer Tour mit seinen Kumpels wieder Heim gekommen und verwechselte unsere Buchsbaumhecke mit der Haustür. Es gab einen Schlag. Und da lag er auf dem Boden, unter der Hecke und begrüßte mich mit einem fröhlichen „Scheiße!"

Als er sich aufrappelte stolperte er mir entgegen und setzte sich zu mir auf die Terrasse. „War wild heute?" Er nickte nur. „Ich glaube ich muss dringend ins Bett." Sagte

er. „Da bin ich deiner Meinung."
Antwortete ich darauf. Wie aufs
Stichwort kam mein Vater nun
raus. „Was ist denn hier los?"
„Nix" er sah Steffen an was
passiert war und warnte nur „Wer
bricht, der wischt." Dann schloss
er die Türe wieder hinter sich und
verabschiedete sich ins Bett. „Wer
bricht, der wischt?" murmelte
Steffen und verschwand in den
Garten. Das war die cleverste
Lösung denn da wo er sich
letztendlich hinretten konnte um
sich die ganze Geschichte durch
den Kopf gehen zu lassen, konnte
man eh mit keinem Putzartikel
erreichen. Ich weiss Steffen,
Schadenfreude ist verdammt
uncool, aber im Nachhinein habe
ich mich kaputt gelacht.

Kapitel X

Ich finde da wir uns nun schon fast im Endspurt befinden ist es an der Zeit, ein wenig besinnlich zu werden. Ich denke ich spreche für alle, wenn ich mich an dieser Stelle einmal bei meiner Familie bedanke. Ihr seit Großartig und dass meine ich ernst.

Weihnachten stand vor der Tür und da mein Vater „Früher" Messdiener war, war es an der Zeit zumindest einmal im Jahr die Kirche zu besuchen. In diesem Jahr, kam meiner Mutter die geniale Idee einmal in den evangelischen Gottesdienst zu gehen, wogegen ja nichts spricht. Aber hatte ich das Gefühl das wir dort nicht unbedingt erwünscht waren. Als wir Platz nahmen und zwar ganz vorne, da wo der große

mit Keramikkugeln geschmückte
Weihnachtsbaum stand. Die Messe
war herrlich. Sie war sehr schön
gestaltet. Mit Musik und DIA
Show sowie wohlklingende
Gesänge des dort ansässigen
Kinderchors. Das ist schon was
wunderschönes, dachte ich mir im
Stillen und lächelte vor mich hin.
Ich konnte nur nichts mehr sehen,
geschweige denn, den schönen
Chor mehr hören. Hektik war um
mich herum.
Ich habe ja gerade eben den großen
Baum erwähnt. Der mit den
Keramikkugeln und Engeln. Ja, der
ist während der Messe auf mich
gefallen und hat mich unter sich
begraben. Da es wie gesagt ein
schwerer Baum war, dauerte es
natürlich eine ganze Weile bis man
mich befreit hatte. Was ich außer
dieser wahnsinnigen Erfahrung
einmal von einem
Weihnachtsbaum erschlagen zu

werden mitgenommen habe ist
zum einen der gesund Abstand zu
Keramikschmuck und zum
anderen, ein bedrückendes Gefühl
in der Nähe von Tannenbäumen.
Denn du wirst es kaum glauben,
der Baum ist nach ca. 15 Minuten
ein zweites Mal auf mich gefallen.

Als es dann ein Jahr darauf auch
noch in der Kirche brannte. Haben
wir einstimmig beschlossen diese
weihnachtlichen Besuche
einzustellen. Einmal waren wir
aber dann doch noch mal zu
Weihnachten in der Kirche und
zwar wollten wir Lisa und Anna
diesen schönen Brauch zu Teil
werden lassen. Das einzige was sie
an diesem heiligen Abend wohl
eher doof fanden, war wohl die
Tatsache dass der Rest von uns
draußen stand und rauchte. Ich
kann verstehen warum die zwei
dann auch keine Lust mehr darauf

haben, denn sie sprachen die ganze Zeit mit fremden Leuten darüber wie, sagen wir mal unprofessionell, der Pfarrer war der vorne predigte. Du wirst nicht glauben wie rot ein Kopf in Scham werden kann.

Anna und ich hatten das Bedürfnis Plätzchen zu backen. Uns war langweilig und wir hatten eine leckere Plätzchenteigmischung. Also konnte es losgehen. Mit jedem erdenklichen Körpereinsatz und etlichen Verrenkungen, haben wir es doch wirklich geschafft eine Fertigbackmischung zu versauen. Die Plätzchen sollten zwar schwarz aussehen, doch sollte diese dunkle Farbe durch Schokolade hervorgerufen werden. Bei uns war es ganz simpel verbrannt. Als Anna dann meinte „Komm wir holen eine neue Mischung im Dorf." Nichte ich und wir packten unsere Sachen und gingen. Die verbrannten Plätzchen hatten wir noch nicht weggeworfen, denn wir warteten da wie immer auf das Personal (Vater, Mutter ;-)), welches sehr lange auf sich warten lies. Als wir vom einkaufen wieder kamen, hörten wir Lärm in der Küche. Mehrere Stimmen waren dort zu hören und Anna und ich platzten in ein kleines Familientreffen. Das aller Erste was man uns entgegen rief war „Seit nicht böse, die Plätzchen sind alle." Ihr hättet ruhig ein Paar mehr machen können." Na lecker. Das wirkliche Phänomen ist folgendes, die waren absolut ungenießbar und dennoch meinten alle das wären die besten Plätzchen die sie seit langem gegessen hätten. Da stellt sich mir die Frage, was haben diese armen Menschen denn da sonst für Plätzchen bekommen!?

Kapitel X

Ich bin mir sicher dass du jetzt einige Parallelen erkennen wirst denn jeder einzelne von uns hat einen Gerd oder eine Anna zu Hause, oder kennt jemanden der sich in einer bekannten Familie so bewegt. Ich muss gestehen oft habe ich diese Bande verflucht, doch letztendlich wissen wir es ja besser. Ein Mensch ist nicht komplett ohne seine Familie. Das es nicht immer nur bergauf gehen kann das liegt ja auf der Hand und basiert eh auf Murphys Gesetz. Ich habe hier mit dir eine Familie besucht die es leider als Familie nicht wirklich weit geschafft hat. Ein jeder ist seinen eigenen Weg gegangen bzw. versucht ihn bis Heute zu gehen und wie sollte es anders sein sie schaffen es auch. Immer wenn jemand in

Schwierigkeiten steckt oder Problemen gegenübersteht die ausweglos erscheinen. Die Familie Müller hält trotz allem zusammen und meistert sie gemeinsam. Was ich unterm Strich damit sagen will ist, genieße jeden Augenblick den es mit einer Familie zu lachen gibt denn es sind diese Dinge die Abende, vielleicht auch Bücher füllen können. Rückblickend auf diese Paar Seiten in denen ich dich entführen durfte, packte mich die Sehnsucht nach einem Familienfest und du wirst es nicht glauben. Wir machten eins und es war ein so herrliches Beisammensein das man eines Tages die Familie Müller erneut besuchen werden kann und ich denke auch will.

Schlusswort

Wenn man diverse Geschichten so Revue passieren lässt, kommt man zumindest um ein kleines Lächeln nicht herum. Ich selber werde nun auch Vater und läute somit eine ganz neue Epoche und Generation Müller ein. Du sagst es „Das kann ja was werden." Und ich hoffe sogar dass es genau so chaotisch und interessant wird wie ich es in den eigenen Reihen eh schon mitbekommen habe. Anbei möchte ich noch bemerken dass die Figuren der Familie Müller erfunden sind und möchte damit jede Verwechslung ausschließen die versehentlich durch dritte entstehen könnten. ;-)

Ich bedanke mich bei all denen die mich inspirieren können. Bei meiner Frau, bei meinem Kind. Ich

liebe euch von Herzen. Ich
bedanke mich bei meiner Familie
denn ohne so einen Chaotentrupp
wüsste ich oft nicht weiter.

Ich bedanke mich bei dir und
deinem Lächeln denn es macht
meine geteilten Gedanken mehr als
wertvoll.

In diesem Sinne wünsche ich von
Herzen alles erdenklich Gute dir
und deiner Familie.

-    Patric Schmitt-

„Wenn wir es schaffen
sollten,
dies für unsere Kinder zu
erhalten.
Werden sie Berge bald
versetzen und die Welt sich
froh gestalten."

(Aus dem Gedichteband „Und wenn ich
weine…" von Patric Schmitt)